Karl Schillinger:
Schwein ohne Schwein

www.edition-a.at

Cover und Gestaltung: JaeHee Lee
Coverillustration: Hongwei Tang
Food-Design: Lisa Vietze
Redaktion und Lektorat: Sebastian Höllmüller

Gesetzt in der *Myriad pro*
Gedruckt in Europa

1 2 3 4 5 — 19 18 17 16

ISBN 978-3-99001-177-5

KARL SCHILLINGER

SCHWEIN OHNE SCHWEIN

Das Tierliebekochbuch

Fotos: Luiza Puiu

edition a

MEIN LETZTES SCHWEIN

Wie mir mein Respekt vor Tieren alle guten Dinge im Leben beschert hat.

»Wer macht das jetzt?«, fragte meine Mutter, als wir den Stall betraten. Die Schlachtung des Schweins war überfällig. Es war wie alle Schlachttiere darauf gezüchtet, möglichst schnell möglichst viel Fleisch zuzulegen. Jetzt war es acht Monate alt, hatte bereits Übergewicht und wir brauchten Koteletts, Filets und Rippen für unser Gasthaus. Meine Mutter und ich hatten es jeden Tag gefüttert, aber wir hatten beide noch nie ein Tier getötet. Um diese Dinge hatte sich immer mein Vater gekümmert, bis es ihn von einem Tag zum anderen nicht mehr gegeben hatte. Ich sah dem Schwein in die Augen und dachte daran, wie mein Vater in so einem Fall den Schlachter rief. Wie die

Männer die quiekenden Tiere aus ihrer vertrauten Umgebung auf die Straße zerrten, wie ihnen der Schlachter mit einer Axt auf den Kopf schlug, wie er manchmal zweimal zuschlagen musste, weil er so betrunken war, und wie er sie über dem Kanalgitter ausbluten ließ. Das Schwein grunzte und sah mich an. Ich tätschelte ihm den Kopf, was ihm offenbar gefiel. Ich würde es nicht umbringen, das wusste ich. Ich sah meine Mutter an. Sie schüttelte den Kopf. Wir verließen den Stall, ohne einen Plan zu haben, woher wir unser Fleisch nehmen sollten und was mit dem Schwein geschehen sollte. Mit diesem und mit den anderen beiden, die auch bald Schlachtgewicht haben würden.

Ein Gasthaus am Land. 1793 hatten meine Vorfahren in Großmugl im niederösterreichischen Bezirk Korneuburg, mitten in der idyllischen Feld- und Hügellandschaft des österreichischen Weinviertels, einen Landgasthof aufgesperrt. Zuletzt führte mein Vater den Betrieb in sechster Generation, mit Hilfe der restlichen Familie. Wochentags kamen abends die Bauern und Handwerker, um Wein und Bier zu trinken, und an den Wochenenden buchten sie uns für Hochzeiten, Taufen, Todesfälle, Geburtstage und andere Festlichkeiten. Bis zu 125 Menschen hatten bei uns Platz, die dann dicht gedrängt auf unseren Bänken saßen. Eine offizielle Speisekarte hatten wir nie, und was auf den Tisch kam, stammte großteils aus unserer eigenen Landwirtschaft. Das Gasthaus florierte und ich mochte die Gemütlichkeit, die bei uns herrschte. Mein Vater verdiente gutes Geld und investierte es in die Ausbildung meiner Schwestern und in Häuser für sie, denn wer eines Tages das Gasthaus übernehmen sollte, war immer klar: das war ich, der Strahlemann der Familie, der vom Ernst des Lebens lange nichts wissen wollte, der die Feldarbeit so weit wie möglich mied, gerne schicke Autos fuhr, tanzen ging und reiste. Ich hätte lieber das Gymnasium besucht und Mathematik studiert, weil mir Zahlen Spaß machten, aber auch für mich war klar, dass ich das Gasthaus übernehmen musste. Die Familie war mir das Wichtigste, weshalb ich die Wünsche meines Vaters akzeptierte und die Berufe Koch und Kellner lernte. Nach meinem Abschluss hängte ich eine Ausbildung zum Barkeeper an. Eine Bar in Nassau, der Hauptstadt der Bahamas, bot mir eine Stelle an, doch ich würde nie nach Nassau fahren. Denn ehe es so weit war, kam ich nach Großmugl und half im Gasthaus aus. Ich genoss diese beschauliche Welt mit ihren Routinen, in der immer alles beim Alten zu bleiben schien. Bis mein Vater eines Tages früher von der Feldarbeit heimkam und über Kopfschmerzen klagte. »Ich ruhe mich ein wenig aus«, sagte er. »Kein Problem«, sagte ich. »Es ist ja nicht viel los.« Er ging ins Bad, um sich die erdigen Hände zu waschen, fiel um

und blieb reglos liegen. Bis die Rettung kam, versuchte ich, ihn wiederzubeleben. Als wir im Krankenhaus ankamen, war er tot, gestorben im Alter von 47 Jahren an den Folgen eines Schlaganfalls. Meine Mutter stand wochenlang unter Schock. Mein Vater war ihr Leben gewesen und es war, als hätte sie alles verloren. Ich war erst 19 und vor mir war eben noch ein lockeres Jahr als Barkeeper in der Karibik gelegen. Nun wurde aus der Reise an meinen Sehnsuchtsort nichts. Meine Schwestern waren erst 12 und 14 Jahre alt, und ich konnte meine Mutter unmöglich mit ihnen und einem gut besuchten Gasthaus, in dem wir alle zwar ausgeholfen hatten, in dem aber alle wichtigen Entscheidungen mein Vater getroffen hatte, allein lassen. Dass wir das zur Schlachtung anstehende Schwein verschonen würden, war eine unserer ersten gemeinsamen Entscheidungen. Danach fingen wir zu diskutieren an. Schließlich ging es nicht nur um dieses Schwein. Wir würden gar kein Tier mehr schlachten, weil wir es nicht konnten. Was bedeutete das? Hatten wir, wenn wir uns selbst treu bleiben wollten, Konsequenzen daraus zu ziehen, und wenn ja, welche? Ich war nie der Typ gewesen, der jedes Tier strei-

cheln und umarmen musste. Während der Berufsschule hatte ich mich zwar eher bei einem Gehege mit Rehen aufgehalten, als mit meinen Mitschülern eine rauchen zu gehen, das aber vor allem, weil bei dem Gehege auch die Mädchen zu finden gewesen waren. Jetzt musste ich meine Einstellung zu Tieren überdenken. »Wenn wir ein Schwein selbst nicht schlachten können, können wir es auch nicht zum Schlachthof bringen oder Fleisch von Tieren kaufen, die andere geschlachtet haben«, sagte ich zu meiner Mutter. »Das wäre unlogisch.« Logik und Gerechtigkeit waren für mich schon immer eine große Sache gewesen. Meine Mutter dachte nach. Schließlich nickte sie, und damit war klar, dass sich einiges ändern würde.

Jason King. Ich hatte einmal an einem von *McDonald's* organisierten Cheeseburger-Wettessen teilgenommen. Ich hatte 24 Minuten Zeit für neun Cheeseburger, drei große Portionen Pommes frites und drei große Coca-Cola gehabt. Das hatte

ich locker geschafft. Das Fleisch unserer eigenen Tiere hatte ich zwar nie gegessen, und die Rehe aus dem Gehege bei der Berufsschule, die für einen Kochwettbewerb bestimmt gewesen waren, hatte ich irgendwann freigelassen und dafür eine harte Strafe ausgefasst, aber im Prinzip hatte ich nie viel über Fleisch in der Küche nachgedacht. Jetzt wurden meine Mutter, meine beiden Schwestern und ich Vegetarier. Als solche besuchten wir unsere drei Schweine im Stall neuerlich. Schlachttiere haben keine Namen, aber wer einem Tier auf Augenhöhe begegnen wollte, musste ihm einen geben, fanden wir.

»Die Schweine leben zu lassen, veränderte für uns alles .«

Wir tauften das große Schwein, unserer Meinung nach ein Eber, Jason King, nach dem Protagonisten einer Fernsehserie, die uns gefiel. Eine der beiden kleinen Säue nannten wir Brigitte Bardot (im Bild links), weil sie so elegant mit dem Hintern wackelte, und die andere Jeannie, nach der bezaubernden Jeannie. Vermutlich wurden sie die glücklichsten Schweine des Weinviertels, denn wir wollten, dass es ihnen gutging. Wir überließen ihnen den größten Teil des Hofes. Dort stand ihnen jetzt eine rund 2.000 Quadratmeter große Wiese mit einer Suhle und einem Wasserbad zur Verfügung. Wir errichteten ein Sommer- und ein Winterquartier für sie, und sogar einen Raum, in dem sie sich an Bürsten, die aus der Wand ragten,

Ich lernte einige Tierrechtler kennen und interessierte mich für ihre Szene in den USA und dann auch zu Hause in Österreich. Was ebenfalls erstaunliche Folgen hatte, diesmal privater Natur.

Irene und Ich. Ich informierte mich über den Tierschutzverein *Vier Pfoten*, der damals an Bedeutung gewann. In den USA hatte ich gesehen, wie viel solche Vereine bewirken können, weshalb ich den *Vier Pfoten* eine größere Summe spendete. Doch Geld spenden allein reichte mir nicht. Ich wollte mehr tun und dachte an T-Shirts falten und Flyer verteilen, doch Heli Dungler, der Gründer der *Vier Pfoten* hatte anderes mit mir im Sinn. Ich sollte Fundraising betreiben, was ich auch gut hinbekam. Schließlich, 1995, sollte ich bei einer Tierschutz-Aktion während einer Modeveranstaltung, der *1. Wiener Modenacht*, dabeisein. Wir sollten uns zunächst unter die Besucher mischen und unauffällig bleiben. Dann sollten vier Aktivistinnen die Bühne stürmen und ein Transparent entrollen. Wir anderen sollten als sogenannte Blocker die Sicherheitskräfte ohne Gewalt, aber möglichst lange, abwehren. »Du siehst einem der Bodyguards des Bundeskanzlers ziemlich ähnlich«, sagte der Organisator der Aktion spaßhalber zu mir. »Weißt du das? Der Job passt jedenfalls zu dir.« Alles lief planmäßig. »Pelz ist Mord! - Vier Pfoten«, stand auf dem Transparent. In dem Saal, der voller Prominenter inklusive dem damaligen Kanzler Franz Vranitzky war, herrschte zunächst Aufregung und dann betretenes Schweigen. Zu unserer Freude applaudierte die Hälfte der Besucher sogar. Für uns bedeutete das einen vollen Erfolg, auch weil unser Transparent unzählige Male fotografiert und gefilmt wurde. Als ich mich zurückzog, um im Publikum unterzutauchen, sah ich, wie Polizisten die vier Aktivistinnen an einem Seitenausgang zu fassen kriegten. Mir fiel ein, dass ich angeblich dem Bodyguard des Kanzlers ähnlich sah und drängte mich zu den Aktivistinnen durch. »Was ist hier los?«, herrschte ich die Polizisten an. »Der Kanzler will kein Aufsehen.« Die Polizisten runzelten die Stirn. Eine der Aktivistinnen, Irene, tauschte unauffällig einen Blick mit mir. Sie gefiel mir. Das machte mir Mut, den Polizisten gegenüber weiter forsch aufzutreten. »Der Kanzler will, dass hier alles ruhig weiterläuft«, sagte ich. Ein Polizist deutete mit dem Finger auf mich. »Der ist vom Kanzleramt«, sagte er. Sie ließen die Aktivistinnen gehen. Irene und ich verliebten uns noch am gleichen Abend ineinander. Inzwischen sind wir verheiratet und haben zwei Kinder.

»Ohne mein Engagement im Tierschutz hätte ich meine Frau nie kennengelernt.«

»Ich informierte mich über den Tierschutzverein Vier Pfoten, der damals an Bedeutung gewann. Während einer Demo gegen Tierleid mit Polizeieinsatz lernte ich Irene kennen.«

Vom Vegetarier zum Veganer. Irene war wie ich Vegetarierin, doch wir wollten beide vegan werden. Haftete den Vegetariern damals noch der Nimbus der Sektierer an, dann war es bei den Veganern jener der Spinner. Das Angebot für Veganer in Supermärkten und selbst in Bioläden war noch bescheiden. Es gab ungeräucherten Tofu und zähe, ungenießbare Gluten. Wir experimentierten deshalb selbst mit veganen Speisen und kochten dabei gerne mit Freunden und Bekannten. Das Interesse in unserem Freundeskreis wuchs, und damit der Kreis unserer Gäste. Unser beliebtestes Gericht war das vegane Cordon-Bleu (im Bild rechts). Denn während Veganer als blasse, dünne Menschen verrufen waren, die trockenen Salat kauten und Karotten knabberten, nahm es dieses Cordon-Bleu mit seiner knusprigen Panade und dem schmelzenden veganen Käse samt den veganen Wurstalternativen in der Fülle an Üppigkeit und Deftigkeit mit klassischer Hausmannskost jederzeit auf. Das Geheimnis unseres Cordon-Bleus hieß Irene. Sie bereitete die Fleischalternativen selbst zu, und die waren viel zarter und schmeckten viel eher nach echtem Fleisch, als der Ersatz aus den Supermärkten oder den Bioläden. Irene bereitete dafür einen Teig aus Weizenmehl mit besonders hohem Eiweißgehalt und Wasser zu, den sie ein wenig rasten ließ. Wenn das

Ernährung ohne Tierleid näherzubringen. Dunkle Holzverkleidungen gehörten zu dem traditionellen Ambiente ebenso wie die alten Kupferleuchten, die schon immer dort gehangen waren. 2006 eröffneten wir »den Schillinger« als veganes Gasthaus neu. Nach all den Jahren erfüllte sich damit schicksalhaft der Wunsch meines Vaters, dass ich den Betrieb in siebter Generation weiter führte, nur erlebten es leider weder er noch meine Mutter.

Ein tierethisches Projekt. Gastronom zu sein, war für mich nie ein Geschäftsmodell. Für mich ist Gastronomie vielmehr ein tierethisches Projekt, genau wie auch Gnadenhöfe ein tierethisches Projekt sind, wie der, auf dem unsere Fotografin Luiza Puiu das Schwein (im Bild rechts) aufgenommen hat. Denn es geht mir noch immer um Gerechtigkeit. Ich fühle mich nach wie vor unbehaglich, wenn ich sehe, was die Industrie und unsere ganze Gesellschaft mit Tieren tut. Ich erfülle meinen selbst gewählten tierethischen Auftrag als Gerechtigkeitsfanatiker, Genussmensch und begeisterter Esser nun, indem ich Menschen über den Gaumen von den Alternativen zu Fleisch überzeuge. Weil mich dieser Auftrag stark macht, war mir immer klar, dass es beim Gasthaus Schillinger nicht bleiben würde. Hier würde etwas Größeres entstehen.

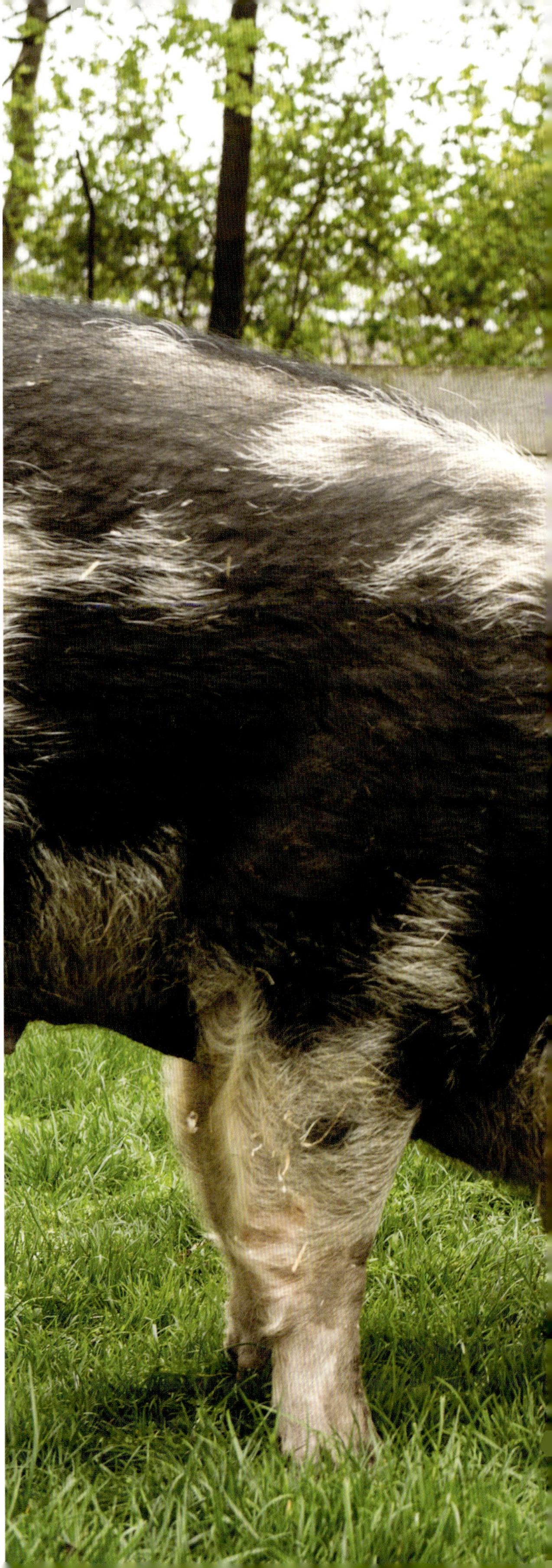

»Weil mich mein Auftrag stark machte, war mir immer klar, dass hier etwas Größeres entstehen würde.«

Irene und ich wollten den Menschen veganes Essen auch über die österreichischen Landesgrenzen hinweg schmackhaft machen, in Deutschland, vielleicht auch in England und den USA. Wir dachten beide schon bald an Systemgastronomie. Unter Beteiligung wohlhabender Menschen aus der Tierrechtsszene eröffneten wir schließlich in Wien die erste Filiale unserer veganen Fastfood-Restaurantkette *Swing Kitchen*, in der wir zum Beispiel vegane Burger (siehe Foto Seite 24 und 25) servieren. Bald kamen weitere Filialen hinzu, auch solche, die Franchise-Nehmer betreiben. Dabei leben Irene und ich nach wie vor in einer Wohnung über dem Gasthaus in Großmugl. Wir fahren Gebrauchtwagen und reisen wenig, weil wir gar nicht die Zeit dafür haben. Wer mit seinem Beruf so sehr im Reinen ist wie wir, für den wird er zum Hobby, und unsere Einnahmen investieren wir lieber in neue Projekte. Ich träume zum Beispiel von einem großen veganen Hotel, um möglichst vielen Menschen zu zeigen, dass Luxus und Genuss nichts mit Fleisch und anderen tierischen Produkten zu tun haben. Brigitte Bardot, Jeannie und Jasy leben nicht mehr. Brigitte Bardot und Jeannie starben im Alter von zehn und zwölf Jahren an Krankheiten, die durch ihre Überzüchtung zu Schlachtvieh bedingt waren, und gegen die den Ärzten keine Mittel einfielen, weil Schweine sonst nicht so alt werden. Jasy schlief mit ungefähr 13 Jahren friedlich in meinen Armen ein. Sie hatte die Spanne eines Schweinelebens wohl voll ausgeschöpft, denn sie war tatsächlich schon eine alte Dame, mit steifen Gelenken, grauer Haut und einem zahnlosen Maul. Nur noch der Hund »Alfi« lebt jetzt bei uns, den ich nach der »Animal Liberation Front« benannt habe. Ein Freund hat ihn angekettet an eine Leitplanke an der Autobahn gefunden und bei uns untergebracht. Unsere Kinder sind glücklich in Großmugl, und sie sind beide Veganer, aus freien Stücken. Wir haben ihnen ihre Ernährung nie vorgeschrieben. Wir schreiben überhaupt niemandem die Ernährung vor. Denn wir sind keine Missionare. Einer meiner Küchengehilfen im Gasthaus Schillinger isst beispielsweise nach wie vor Fleisch, wenn auch selten. Schließlich steht er fünf Tage die Woche in einer Küche, in der es gar kein Fleisch gibt. Würde mich jemand unter vier Augen fragen, ob er Veganer werden soll, würde ich »ja« antworten. Weil es sich nicht auszahlt, Fleisch zu essen. All das Leben, all die Qual und all der Tod für eine Mahlzeit? Diese Rechnung geht niemals auf. Doch einen Fleischesser vom Verzicht auf Fleisch zu überzeugen, funktioniert nicht. Das habe ich früher oft genug vergeblich versucht. Ich verstehe es sogar, wenn Fleischesser in dieser Welt voller Missionare nichts davon hören wollen, selbst wenn die Argumente gut sind. Es brächte nichts, wenn ich auf jeden Bauern und jeden Jäger in Großmugl einreden würde. Stattdessen sitzen sie bei mir im Gasthaus, reden über Fußball oder Politik und essen dabei ein veganes Schnitzel. Vielen ist das gar nicht mehr bewusst. Sie buchen uns sogar vereinzelt wieder für Hochzeiten, Taufen, Todesfälle, Geburtstage und andere Festlichkeiten. Wir hatten einmal einen Gast, dessen Tochter ihn fragte: »Papa, was ist eigentlich vegan?« Er überlegte. »Das ist Gemüse und Bananen«, antwortete er mit ernster Miene, während beide unseren veganen Backhendlsalat aßen.

»Wir verraten unsere Rezepte, um noch mehr Menschen Genuss ohne Tierleid zu ermöglichen.«

Irene hat es einmal so formuliert: Wir geben Vegetariern und Veganern wieder, was sie glauben verloren zu haben. Wir beseitigen den Irrglauben, dass der Umstieg auf vegane Kost Verzicht bedeutet. Schließlich sind es die kleinen, alltäglichen Genuss-Erlebnisse, die das Leben schmackhaft machen. Senf oder Kren, der Biss in etwas Knuspriges. Das Krachen beim Kauen. Der Bratensaft auf den Kartoffeln. Wir sind damit aufgewachsen, es ist uns vertraut und deshalb wollen wir es nicht missen. Auch vegan lebende Menschen können das haben, ohne dass Tiere dafür sterben müssen. »Wenn ich Lust auf ein Schnitzel habe, frage ich mich nicht mehr wie früher, warum ich eigentlich Veganerin wurde, sondern ich komme einfach zu euch«, sagte einmal eine Frau zu uns, die alle zwei bis drei Monate bei uns isst. Irene und ich haben uns entschieden, die Rezepte aus unserem Landgasthaus in Großmugl zu verraten, um noch mehr Menschen Genuss ohne Tierleid zu ermöglichen. Deshalb gibt dieses Buch eine Anleitung für die Zubereitung der Basics deftiger veganer Hausmannskost, vom Bratensaft über die Panade und die Gulaschsoße bis zum Tortenteig. Außerdem enthält es unsere gängigsten Rezepte, die sich mit diesen Basics zubereiten lassen. Mir bleibt nun nur noch, viel Spaß beim Kochen zu wünschen, und einen guten Appetit!

INHALT

GEMÜSEBOUILLON

Rindsuppe ohne Rind

GRUNDREZEPT

In meiner Familie waren Suppenwürfel immer schon verpönt. Schon als kleines Kind stand ich neugierig am Herd, wenn meine Mutter Suppe einkochen ließ. Der Geruch so einer selbstgemachten Brühe ist herrlich, und geschmacklich geht nichts über eine kräftige, selbstgemachte Bouillon. Egal ob als Grundlage für Suppen oder Saucen, diese Brühe ist vielseitig einsetzbar und gehört zu den Grundrezepten jeder Küche.

ZUTATEN FÜR 4 PERSONEN

- 1 gelbe Zwiebel
- 2 EL Öl
- 3 Karotten
- 1 dicke Scheibe Knollensellerie
- 2 gelbe Rüben
- etwas frische Petersilie
- eventuell 1 Stange Lauch
- einige Pfefferkörner
- Salz

Die äußerste erdige Schicht der Zwiebel abschälen. Dann die Zwiebel in der trockenen Schale halbieren und beide Hälften mit den Schnittflächen nach unten in ein paar Tropfen Öl in einer Pfanne sehr dunkel anrösten.

Einen Topf mit 3 Liter Wasser aufstellen. Die Karotten, die Knollensellerie und die gelben Rüben in grobe Stücke schneiden. Anschließend das Gemüse, etwas Petersilie, die Pfefferkörner und die Zwiebelhälften samt Schale in das kochende Wasser geben.

Die Suppe mindestens 30 Minuten köcheln lassen, damit das Wasser schön den Geschmack aufsaugen kann. Abschließend abseihen und die klare Suppe mit Salz abschmecken.

TIPP Die Röstaromen der Zwiebelhälften sind besonders wichtig, sie geben unserer Bouillon eine schöne braune Färbung und die besondere Würze. Wenn Sie nicht die ganze Brühe verbrauchen, frieren Sie den Rest portionsweise ein.

CREMESUPPE

Cremesuppe ohne
Butter, Rahm & Obers

ZUCKER
400 g

GRUNDREZEPT

Zum ersten Mal wollten meine Frau und ich in den Neunzigerjahren eine vegane Cremesuppe kochen. Damals gelang es uns nicht so recht. Egal, was wir versuchten, die Suppen wurden keine richtigen Cremesuppen. Erst vor etwa 20 Jahren kamen hochwertige Soja-Obers-Produkte auf den Markt. Damit konnten wir endlich wunderbar cremige Suppen zaubern.

ZUTATEN FÜR 4 PERSONEN

1 weiße Ziebel

2 EL vegane Margarine (zum Beispiel Alsan, erhältlich in gut sortierten Supermärkten)

1 Liter Gemüsebouillon, siehe »Gemüsebouillon – Grundrezept«

1 gekochte Kartoffel

250 ml Sojaobers (Obers auf Sojabasis, erhältlich in fast jedem Supermarkt)

Die Zwiebel würfeln und die vegane Margarine in einem Topf erhitzen. Dann die gewürfelte Zwiebel beifügen und glasig braten. Anschließend mit der Gemüsebouillon aufgießen. Die gekochte Kartoffel beifügen, dann das Sojaobers einrühren. Mit einem Stabmixer alles gut durchmixen.

TIPP Sie können statt der gekochten Kartoffel auch eine vegane Einbrenn zubereiten. Dazu nehmen Sie 2 EL Mehl und schwitzen es mit etwas Öl an. Dann gießen sie mit Gemüsebouillon auf. Achten Sie darauf, dass die Einbrenn nicht zu dickflüssig wird.

Diese simple Cremesuppe eignet sich ideal als Basis, beispielsweise für Kräutersuppen oder Gemüsecremesuppen. Geröstete Schwarzbrotwürferl und frische Kräuter zum Dekorieren machen die Suppe zu einem Genuss für Auge und Gaumen!

KRENSUPPE

Wir servierten unsere Krensuppe zum ersten Mal im Jahr 2001 als Teil eines Menüs. Damals wollte uns noch niemand glauben, dass wir schmackhafte vegane Cremesuppen auftischen können. Den Gästen schmeckte die Krensuppe so gut, dass wir sie bis heute auf der Speisekarte haben.

ZUTATEN FÜR 4 PERSONEN

- 2 Scheiben Schwarzbrot
- 1 EL vegane Margarine
- Salz
- 60 g frisch gerissener Kren
- Cremesuppe, siehe »Cremesuppe – Grundrezept«
- 4 g Kümmel, ganz
- Getrocknete essbare Blüten

Zunächst das Schwarzbrot in gleichmäßige Würfel schneiden. Dann die Würfel in einer Pfanne mit der Margarine anrösten. Dabei immer wieder wenden, sodass die Würfel auf allen Seiten knusprig werden. Mit etwas Salz verfeinern und zur Seite stellen.

Die Krenwurzel schälen und fein reiben. Den geriebenen Kren in die Cremesuppe einrühren. Den Kümmel dazugeben und mit Salz abschmecken. Einige Zeit einkochen lassen.

Vor dem Anrichten mit dem Stabmixer schaumig mixen und mit getrockneten Blüten und Schwarzbrotcroutons anrichten.

TIPP Achten Sie für den richtigen Geschmack darauf, dass der Kren frisch ist.

BOHNENSUPPE

Bohnensuppe ohne Speck

GRUNDREZEPT

Wir reisen wenig, weil uns unser Gasthaus und unsere vegane Fastfood-Kette in Atem halten und wir es daheim in Großmugl wunderschön finden. Wenn wir es doch einmal tun, probieren wir gerne neue vegane Speisen aus. Als wir einmal in Las Vegas Urlaub machten, stießen wir auf ein veganes Restaurant, das Burritos auf der Speisekarte hatte. Wir waren davon so begeistert, dass wir es selbst versuchten. Dabei enstand das Grundrezept für unsere Bohnensuppe.

ZUTATEN FÜR 4 PERSONEN

5 mittelgroße Zwiebeln	1 Liter Tomatensauce
Öl	200 g Tofu, geräuchert
850 g weiße Bohnen, gekocht	Salz
850 g rote Bohnen, gekocht	Oregano
1 EL Tomatenmark	Scharfes Chilipulver

Die Zwiebeln fein hacken und mit etwas Öl in einem großen Topf dünsten (nicht braten!) bis sie glasig sind. Danach die roten und weißen Bohnen mit etwas Wasser und der Tomatensauce dazu mischen.

Den geräucherten Tofu in kleine Würfel schneiden und in einer Pfanne mit etwas Öl knusprig anbraten. Danach in die Bohnenmasse einrühren. Salz, Oregano, Tomatenmark und wenig scharfes Chilipulver zufügen und 20 Minuten lang schwach köcheln lassen.

TIPP Wenn Sie nicht gerne scharf essen, nehmen Sie statt dem Chilipulver etwas mildes Paprikapulver.

BURRITO

MIT CHILI-DIP UND BLATTSALAT

Die veganen Burritos, die wir in unserem Urlaub in Las Vegas gekostet hatten, waren so köstlich, dass uns Bekannte davon überzeugten, sie auch in unserem Gasthaus anzubieten. Es gibt Gäste, die den Unterschied zu Burritos mit Fleisch gar nicht merken.

ZUTATEN FÜR 4 PERSONEN

Zutaten Chili-Dip

- 250 ml Sojaobers
- 100 g Tomatenmark
- 2 Knoblauchzehen
- Salz
- ½ EL Chilipulver

Zutaten Burrito

- Bohnensuppe, siehe »Bohnensuppe«
- 4 Tortilla-Fladen (Erhältlich in jedem Supermarkt, meistens vegan)
- 6 EL Zuckermais
- 100 g veganer Käse
- Olivenöl

Bild und Tipp: Bitte umblättern!

»Wenn wir ein Tier selbst nicht schlachten können, können wir auch nicht Fleisch von Tieren kaufen, die andere geschlachtet haben. Das wäre unlogisch.«

Zubereitung Chili-Dip

Zunächst den Chili-Dip zubereiten. Dazu das Sojaobers in einer Schüssel mit dem Tomatenmark vermischen. Dann die Knoblauchzehen in die Schüssel pressen. Salz und Chilipulver in die Schüssel einrühren und zur Seite stellen.

Zubereitung Burrito

Den veganen Käse grob reiben und zur Seite stellen. Backrohr auf 180 °C vorheizen und ein Backblech mit Backpapier bereitlegen. Den Zuckermais mit etwas Olivenöl in einer flachen Pfanne rösten bis man knusprig braune Verfärbungen sieht. Den Mais in einer Schüssel zur Seite stellen. Eine Tortilla-Flade zur Hand nehmen und einen guten Esslöffel gerösteten Mais in die Mitte geben. Darüber 25 g geriebenen veganen Käse streuen. Einen mittelgroßen Schöpfer Bohnensuppe auf die Mitte der Flade schütten. Die Flade rechts und links am Rand anfassen und etwa 4 cm in die Mitte falten. Die beiden noch offenen Seiten übereinander falten, sodass ein länglicher, geschlossener Burrito entsteht. Den Burrito auf den Bauch drehen, sodass er geschlossen bleibt, und auf das Backblech legen. Die nächste Tortilla-Flade befüllen und auf das Backblech legen, bis alle Fladen gefüllt sind. Das beladene Backblech ins Backrohr geben. Die Burritos sind perfekt, wenn sich die Fladen bräunlich färben. Die Tortilla-Fladen mit Dip anrichten.

TIPP Wenn der erste Burrito keine schöne Form bekommt, nicht verzagen! Es braucht ein bisschen Übung. Ab dem zweiten geht es besser. Zu diesem Burrito passt wunderbar grüner Salat.

CHILI SIN CARNE

Ich lade gerne Freunde ein, um mir gemeinsam mit ihnen den Superbowl des American Football anzusehen. Für so ein gemütliches Zusammenkommen eignet sich gutes Essen in kleinen Portionen. Was gibt es da besseres als einen großen Topf Chili? So können sich die Gäste jederzeit Nachschub holen. Das erste Mal, als ich bei so einem Abend Chili kochte, gewann meine Mannschaft den Superbowl leider nicht. Das Chili war aber definitiv Gewinner des Abends, der Topf war am Ende leer.

ZUTATEN FÜR 4 PERSONEN

- Bohnensuppe, siehe »Bohnensuppe«
- ½ Tasse Sojagranulat
- Chilipulver oder Cayennepfeffer

Die Bohnensuppe in einem Topf erwärmen. Die Tasse Sojagranulat in die Masse einrühren. Mit Chilipulver oder Cayennepfeffer würzen. Gut durchrühren und etwa 30 Minuten ziehen lassen.

TIPP Wenn Sie ihr Chili etwas dicker haben möchten, lassen Sie bei der Bohnensuppe das Tomatenmark weg. Wenn Sie es lieber etwas flüssiger haben möchten, fügen Sie Tomatenpulpe hinzu, bevor Sie das Chili ziehen lassen.

FASCHIERTES

Faschiertes ohne Rind & Schwein

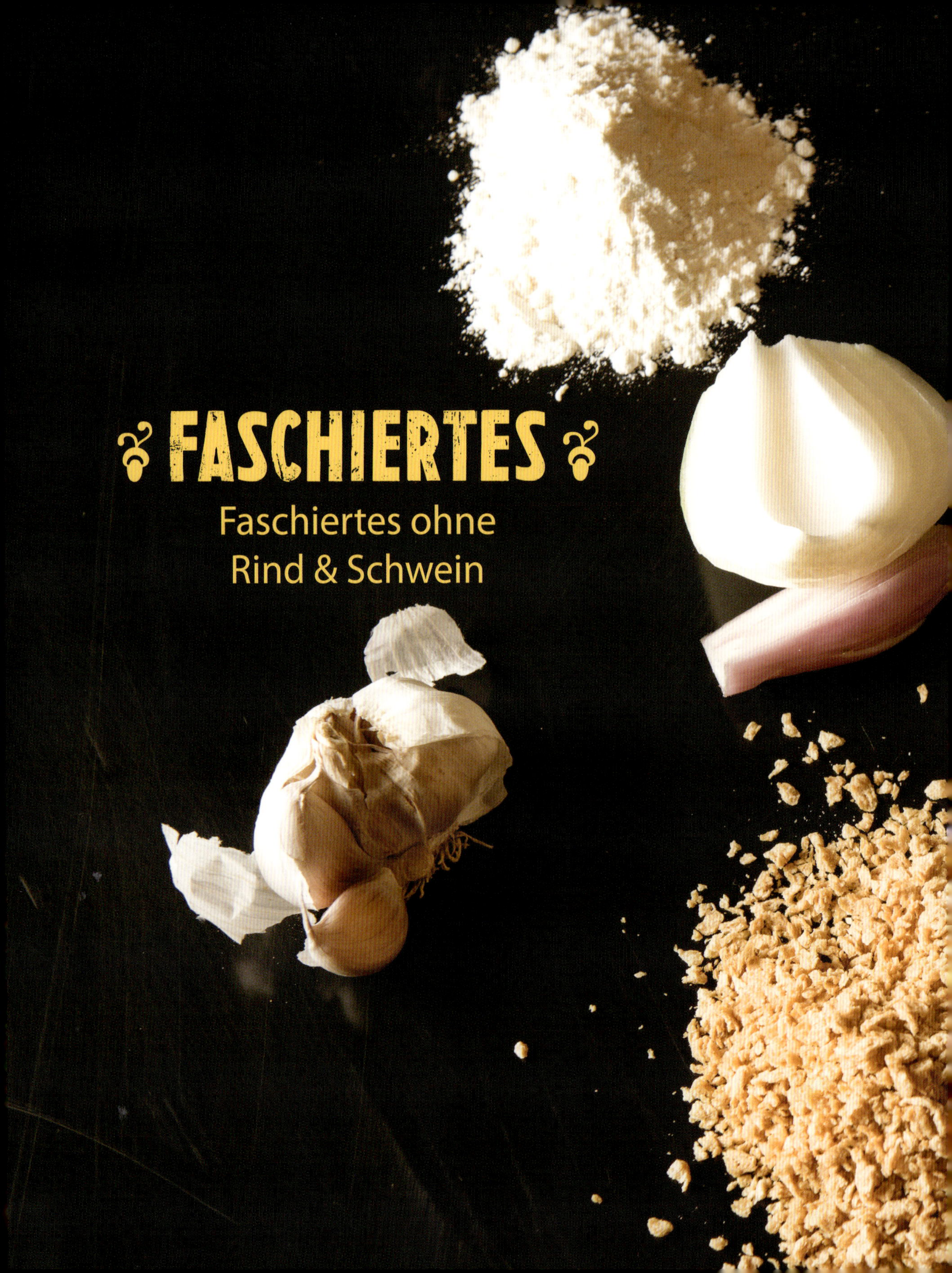

GRUNDREZEPT

Unser veganes Faschiertes ist das beste, das unserer Küche passieren konnte. Vom Burger, über Laibchen bis zum Braten können wir viel damit machen. Wir verfeinerten das Rezept in vielen Kochsessions bei uns daheim.

ZUTATEN FÜR 4 PERSONEN

250 g Sojagranulat	20 g Tomatenmark
85 g Weizenkleber (Gluten)	Rosmarin
50 g Dinkelmehl	Majoran
75 ml Gemüsebrühe	Oregano
270 ml Wasser	Kümmel, gemahlen
70 g scharfer Senf	1 Handvoll Semmelwürfel

Die Zutaten in einer großen Schale gründlich miteinander vermischen und 15 Minuten rasten lassen. Erneut gut durchkneten und gegebenenfalls mit Wasser beziehungsweise Semmelwürfel trockener oder feuchter machen. Die Masse sollte am Ende zwar feucht, aber nicht glitschig sein.

TIPP Machen Sie Ihre Hände nass, dann lässt sich die Masse viel leichter kneten

FASCHIERTER FESTTAGSBRATEN

MIT BRATENSAUCE

Der faschierte Braten ist eines meiner Lieblingsgerichte. Wer kennt das Gefühl nicht, wenn an einem Feiertag die große Backform auf den Tisch kommt und der Deckel abgenommen wird? Mit dem faschierten Braten können wir der Familie an einem Festtag etwas Herrliches servieren, zeremonielles Anschneiden inklusive.

ZUTATEN FÜR 6 BIS 8 PERSONEN

- 2 Massen Faschiertes, siehe »Faschiertes – Grundrezept«
- 4 Essiggurken
- 2 Sojawürstchen
- 2 gekochte Karotten
- Bratensauce, siehe »Bratensauce«

Das Backrohr auf 160 °C vorheizen. Die Hälfte des Faschierten in eine mit Backpapier ausgelegte Kastenform einfüllen. Anschließend Gurken, Sojawürstchen und gekochte Karotten der Länge nach darauf legen. Mit dem restlichen Faschierten bedecken und fest zusammenpressen. Die Form ins Backrohr geben und etwa 40 Minuten lang backen. Danach kurz rasten lassen. Mit einem scharfen Messer in fingerdicke Scheiben schneiden und mit Bratensauce anrichten.

TIPP Zum faschierten Braten passen Salzkartoffeln wunderbar dazu, aber auch andere Beilagen wie Kartoffelpüree, Reis, Spätzle oder cremige Polenta können Sie dazu servieren. Der Braten ist, was Beilagen angeht, wirklich ein Allrounder!

FASCHIERTE LAIBCHEN

MIT KARTOFFELPÜREE

Wenn sich unsere Kinder wünschen dürfen, was es Abends zu essen gibt, kann ich davon ausgehen, dass Kartoffelpüree auf den Tisch kommt. Sie sind ganz verrückt danach. Wenn dann auch noch faschierte Laibchen aufgetischt werden, leuchten nicht nur die Kinderaugen.

ZUTATEN FÜR 4 PERSONEN

- 800 g mehlige Kartoffeln
- Salz
- 200 ml Sojamilch, ungesüßt
- 2 EL vegane Margarine
- Muskatnuss, frisch gerieben
- Faschiertes, siehe »Faschiertes – Grundrezept«
- Öl

Die Kartoffeln waschen, schälen und in grobe Stücke schneiden. In einen Topf mit Salzwasser geben, aufkochen lassen und 20 Minuten zugedeckt köcheln lassen. Danach die Kartoffeln abseihen.

Die Sojamilch mit der Margarine in einem Topf erhitzen. Die gegarten Kartoffelstücke mit einem Stampfer fein stampfen und die heiße Sojamilch/Margarine-Mischung einrühren. Anschließend mit etwas frisch geriebener Muskatnuss und Salz abschmecken.

Das Faschierte in ungefähr handgroße Laibchen formen und in einer Pfanne mit heißem Öl beidseitig goldbraun braten.

TIPP Am besten schmeckt das Kartoffelpüree mit frischen oder getrockneten Röstzwiebeln und unserer dunklen Bratensauce, siehe »Bratensauce«!

CEVAPCICI

Ich war in meiner Kindheit oft mit meiner Familie im Wiener Prater, noch bevor ich Vegetarier beziehungsweise Veganer wurde. Den Geruch von frischem Langos und Cevapcici habe ich heute noch in der Nase, wenn ich daran denke. Für mich gehören Cevapcici zu jedem Gasthaus dazu.

ZUTATEN FÜR 4 PERSONEN

- Faschiertes, siehe »Faschiertes – Grundrezept«
- 1 EL Paprikapulver, edelsüß
- 5 Zehen Knoblauch, gepresst
- Rapsöl

Die Zutaten in einer Schüssel gründlich miteinander vermengen, durchkneten und daumendicke Würstchen formen. Anschließend in reichlich Rapsöl knusprig braten.

TIPP Am besten schmecken Cevapcici mit Zwiebelsenf und Pommes. Für einen schnellen Zwiebelsenf hacken Sie einfach eine weiße Zwiebel in kleine Würfel und vermischen die Stücke mit Estragon-Senf.

GULASCHSAFT

Gulaschsaft ohne Rind

KARTOFFELGULASCH

Zu meinen absoluten Lieblingsgerichten gehört auch unser Kartoffelgulasch. Es ist so variantenreich! Schon durch kleine Änderungen bei der Würzung lässt es sich völlig verändern. Außerdem ist das Kartoffelgulasch eines der Gerichte, zu dem Tofu gut passen. Tofu am Stück ist ja manchmal eine fade Angelegenheit, aber zum Gulasch passt er perfekt.

ZUTATEN FÜR 4 PERSONEN

- 400 g Zwiebel
- Rapsöl
- 25 g Paprikapulver, edelsüß
- 1 EL Apfelessig
- 1 Liter Gemüsebouillon, siehe »Gemüsebouillon – Grundrezept«
- 3 Zehen Knoblauch
- 5 g Kümmel, gemahlen
- 2 g Majoran
- 1 TL Salz
- 2 Stück Chili
- Pfeffer
- 600 g festkochende Kartoffeln
- 85 g Tofu, geräuchert oder 4 vegane Selchwürstel
- 1 große, scharfe Gewürzgurke

Die Zwiebeln schälen, fein würfeln und in einem tiefen Topf mit reichlich Rapsöl anrösten. Wenn die Zwiebeln beginnen, sich zu verfärben, Paprikapulver beifügen und kurz mitrösten. Anschließend mit Essig ablöschen und mit der Hälfte der Bouillon aufgießen. Die Knoblauchzehen schälen, pressen und mitsamt der restlichen Gewürze beifügen. Die Kartoffeln in längliche, nicht zu kleine Stücke schneiden und ebenfalls in den Topf geben. Den Topf zudecken und den Inhalt einmal kurz aufkochen lassen.

Danach bei mittlerer Hitze 15 Minuten köcheln lassen. Die restliche Suppe dazugeben und 10 Minuten lang weiter köcheln lassen. Mit dem Stabmixer kurz grob durchmixen, damit sich die Zutaten schön aneinander binden. Tofu oder Selchwürstel in Tranchen schneiden und in einer kleinen Pfanne mit etwas Rapsöl braten. Die Gewürzgurke auffächern. Das Kartoffelgulasch mit 2 Scheiben Tofu oder Selchwürstel und Gewürzgurke obenauf anrichten.

GULASCHSAFT

Gulaschsaft ohne Rind

GRUNDREZEPT

Ein guter Gulaschsaft ist in jeder Küche unverzichtbar, weil er vielseitig einsetzbar ist. Selbst wenn Sie nichts anderes Zuhause haben, haben Sie mit etwas Gulaschsaft und ein paar Scheiben Brot schon eine Mahlzeit. Der Saft passt zu fast allen Beilagen, egal ob Spätzle, Knödel oder Kartoffeln. Wenn Kinder in unserem Gasthaus gar nichts auf der Speisekarte finden, bieten wir ihnen einfach etwas von unserem Gulaschsaft mit Kartoffeln an. Davon wollen sie dann meistens einen Nachschlag.

ZUTATEN FÜR 4 PERSONEN

- 400 g Zwiebel
- Rapsöl
- 25 g Paprikapulver, edelsüß
- 2 EL Hesperidenessig
- 1 Liter Gemüsebouillon, siehe »Gemüsebouillon – Grundrezept«
- 5 g Kümmel gemahlen
- 1 TL Salz
- Majoran
- Pfeffer, frisch gemahlen
- 3 Zehen Knoblauch

Zwiebel schälen und in feine Würfel schneiden. Anschließend in einem tiefen Topf mit reichlich Rapsöl rösten. Dabei laufend wenden, damit nichts anbrennt! Wenn die Zwiebeln beginnen, sich zu verfärben, Paprikapulver beifügen und kurz mitrösten. Dann mit Essig ablöschen und mit der Suppe aufgießen.

Alle Gewürze beifügen, dann die Knoblauchzehen schälen und hineinpressen. Den Topf zudecken und einmal aufkochen lassen, danach bei mittlerer Hitze 15 Minuten köcheln lassen. Mit dem Stabmixer kurz grob durchmixen, dadurch binden sich alle Zutaten gut aneinander.

TIPP Nicht zu lange mixen, sonst gehen wichtige Geschmacksnuancen verloren!

TIPP Sie können gekaufte Semmelwürfel genauso wie trockene, selbst geschnittene Semmeln verwenden. Wenn die Masse zu flüssig wird, können Sie sich mit der Zugabe von etwas Mehl oder Semmelwürfel helfen.

RINDSGULASCH

MIT SERVIETTENKNÖDEL

Es dauerte lange genug, bis wir endlich ein deftiges Rindsgulasch anbieten konnten. Bei einem meiner Asienbesuche entwickelte ich die fasrige Fleischalternative mit, die für so ein Gulasch unerlässlich ist. Als wir damals die ersten Stücke langfasrige Fleischalternative in der Hand hielten, dachten meine Kollegen sofort an ein Wok-Gericht. Ich dachte an Gulasch.

ZUTATEN FÜR 4 PERSONEN

- Gulaschsaft – siehe Grundrezept
- 4 vegane Rinderfilets (erhältlich in veganen Supermärkten sowie via Veganversand)
- 4 EL Rapsöl oder vegane Margarine
- 2 kleine Zwiebel
- 450 g Semmelwürfel
- 3 EL Maisstärke
- 500 ml Sojamilch
- 3 EL gehackte Petersilie
- 1 Prise Muskat
- 1 TL Salz

Den Gulaschsaft in einem Topf erhitzen. Die veganen Rinderfilets in Stückchen schneiden und in einer Pfanne mit wenig Öl anbraten. Anschließend dem Gulaschsaft beifügen. Das ganze ziehen lassen, damit die Filetstückchen das Aroma des Saftes gut aufnehmen können.

Die Zwiebeln feinhacken. Dann die Zwiebelstückchen mit Rapsöl oder Margarine in einer Pfanne leicht anrösten und mit Semmelwürfel sowie Maisstärke gut vermengen. Anschließend die Sojamilch dazugeben. Gewürze einrühren bis eine knetbare Masse entsteht. Die Masse gut durchkneten und danach 20 Minuten ziehen lassen. Danach die Masse in ein ausgedientes Geschirrtuch oder Leinentuch geben und eine Rolle formen. Die Enden der Rolle mit Zwirn gut verknoten. Die Rolle in einem Topf mit reichlich Salzwasser etwa 30 Minuten lang köcheln lassen. Nicht aufkochen lassen!

TIPP Schwarzbrot passt perfekt zu diesem Gericht, Sie können damit hervorragend die Sauce aufsaugen.

KARTOFFELGULASCH

Zu meinen absoluten Lieblingsgerichten gehört auch unser Kartoffelgulasch. Es ist so variantenreich! Schon durch kleine Änderungen bei der Würzung lässt es sich völlig verändern. Außerdem ist das Kartoffelgulasch eines der Gerichte, zu dem Tofu gut passen. Tofu am Stück ist ja manchmal eine fade Angelegenheit, aber zum Gulasch passt er perfekt.

ZUTATEN FÜR 4 PERSONEN

- 400 g Zwiebel
- Rapsöl
- 25 g Paprikapulver, edelsüß
- 1 EL Apfelessig
- 1 Liter Gemüsebouillon, siehe »Gemüsebouillon – Grundrezept«
- 3 Zehen Knoblauch
- 5 g Kümmel, gemahlen
- 2 g Majoran
- 1 TL Salz
- 2 Stück Chili
- Pfeffer
- 600 g festkochende Kartoffeln
- 85 g Tofu, geräuchert oder 4 vegane Selchwürstel
- 1 große, scharfe Gewürzgurke

Die Zwiebeln schälen, fein würfeln und in einem tiefen Topf mit reichlich Rapsöl anrösten. Wenn die Zwiebeln beginnen, sich zu verfärben, Paprikapulver beifügen und kurz mitrösten. Anschließend mit Essig ablöschen und mit der Hälfte der Bouillon aufgießen. Die Knoblauchzehen schälen, pressen und mitsamt der restlichen Gewürze beifügen. Die Kartoffeln in längliche, nicht zu kleine Stücke schneiden und ebenfalls in den Topf geben. Den Topf zudecken und den Inhalt einmal kurz aufkochen lassen.

Danach bei mittlerer Hitze 15 Minuten köcheln lassen. Die restliche Suppe dazugeben und 10 Minuten lang weiter köcheln lassen. Mit dem Stabmixer kurz grob durchmixen, damit sich die Zutaten schön aneinander binden. Tofu oder Selchwürstel in Tranchen schneiden und in einer kleinen Pfanne mit etwas Rapsöl braten. Die Gewürzgurke auffächern. Das Kartoffelgulasch mit 2 Scheiben Tofu oder Selchwürstel und Gewürzgurke obenauf anrichten.

PAPRIKAHENDL

MIT SPÄTZLE

Dieses Gericht wurde uns ebenfalls erst durch die Neuerungen bei Fleischalternativen ermöglicht. Die sind mittlerweile von der Konsistenz her so gut, dass sich immer wieder Gäste bei uns beschweren, warum wir ihnen denn echtes Fleisch servieren. Wir haben wegen der Authentizität des Fleisches regelmäßig Erklärungsbedarf!

ZUTATEN FÜR 4 PERSONEN

- 4 vegane Hühnerfilets in Stückchen oder ein veganes Hühnerfilet im Ganzen (erhältlich in veganen Supermärkten sowie via Veganversand)
- Rapsöl
- Gulaschsaft – siehe »Gulaschsaft – Grundrezept«
- Salz
- 500 g griffiges Mehl
- 200 ml Sojamilch, ungesüßt

Die Hühnerfilets in einer tiefen Pfanne mit etwas Rapsöl anbraten. Anschließend die Hühnerfilets mit dem Gulaschsaft übergießen und ziehen lassen.

Einen Topf mit reichlich Salzwasser zum Kochen bringen. Das Mehl in die Sojamilch einrühren, gut vermischen und salzen. Den so entstandenen Teig durch ein Spätzle-Sieb ins kochende Salzwasser drücken. Sowie die Spätzle an der Wasseroberfläche aufschwimmen, sind sie fertig.

Die Spätzle abseihen und gleich mit dem Paprikahendl anrichten.

TIPP Wenn Sie möchten, dass Ihre Spätze genauso aussehen wie Eierspätzle, geben Sie eine Messerspitze Kurkuma ins Mehl, bevor Sie es mit der Sojamlich vermischen.

BRATENSAUCE

Bratensauce ohne Rind & Schwein

GRUNDREZEPT

Als wir unsere ersten faschierten Braten und Laibchen machten, fiel uns auf, dass uns etwas fehlte. Wir wollten die neuen Gerichte nicht auf unsere Speisekarte nehmen, bis wir wussten, was dieses gewisse Etwas war. Ich sah mir die traditionelle Wiener Küche an und stellte fest, dass uns eine richtig deftige braune Sauce fehlte. Wir tüftelten und probierten, bis wir schließlich auf dieses Rezept kamen.

ZUTATEN FÜR 4 PERSONEN

- 2 mittelgroße Zwiebeln
- 3 EL Rapsöl
- 1 EL Staubzucker
- 1 EL Tomatenmark
- 2 EL Mehl
- 250 ml Rotwein
- 800 ml Gemüsebouillon, siehe »Gemüsebouillon – Grundrezept«
- Kümmel, gemahlen
- Majoran
- Pfeffer
- Salz
- 2 Zehen Knoblauch

Die Zwiebeln würfeln und in einer Pfanne mit Öl anrösten. Staubzucker und Tomatenmark beifügen und kurz mitrösten. Mit Mehl bestäuben und anschließend mit Rotwein ablöschen. Dann mit der Suppe aufgießen.

Gewürze beimengen, die Knoblauchzehen schälen und reinpressen. Die Sauce bei laufendem Umrühren stark reduzieren. Die Sauce so lange kochen lassen, bis sie eine sämige Konsistenz bekommt.

TIPP Die Bratensauce lässt sich auf Vorrat kochen, im Kühlschrank ist sie einige Zeit haltbar.

ZWIEBELROSTBRATEN

MIT BRATKARTOFFELN

Mit unserem neuen Bratensaft konnten wir endlich die großen Klassiker der österreichischen Küche servieren. Immer wenn der Zwiebelrostbraten auf unserer Tageskarte steht, brauchen wir fast nichts anderes zu kochen.

ZUTATEN FÜR 4 PERSONEN

- 2 große Zwiebeln
- 100 g Mehl
- Rapsöl
- 8 mittelgroße Kartoffeln
- Sojafleisch oder Weizengluten (erhältlich in jedem gut sortierten Supermarkt)
- Bratensauce, siehe »Bratensauce«
- 4 große Essiggurken

Die Zwiebeln schälen und in dicke Scheiben schneiden. Dann die Zwiebelringe mit Mehl bestäuben und in einer Pfanne mit reichlich Rapsöl bei hoher Temperatur goldbraun frittieren. Anschließend die Zwiebelringe abschöpfen und abtropfen lassen.

Die Kartoffeln bissfest kochen und abseihen. Die Bratensauce in einem separaten Topf erwärmen. Anschließend die Kartoffeln der Länge nach sechsteln und gemeinsam mit Sojafleisch oder Weizengluten in einer großen Pfanne mit Rapsöl beidseitig anbraten und salzen. Das Sojafleisch oder den Weizengluten zusammen mit den Bratkartoffeln auf einem Teller anrichten und die Bratensauce darübergießen. Mit Röstzwiebeln und Essiggurken garnieren.

VEGANE MARTINIGANS

MIT KARTOFFELKNÖDEL, ROTKRAUT UND BRATENSAUCE

Die Martinigans gehört zum Herbst wie bunte Baumkronen. Als wir sie zum ersten Mal servierten, bekamen wir kurz darauf eine Interviewanfrage. Ein lokaler Sender wollte von uns wissen, wie es denn möglich sei, eine vegane Gans zu servieren. Wir tourten von Sendung zu Sendung und stießen überall auf ungläubige Gesichter. Überraschen Sie Ihre Angehörigen und Ihre Freunde!

ZUTATEN FÜR 4 PERSONEN

- 4 Seitanfilets (Weizeneiweiß)
- Maisstärke
- Bratensauce, siehe »Bratensauce«
- Kartoffelteig, siehe »Kartoffelteig – Grundrezept«
- Salz
- 1 großer oder 2 kleine Köpfe Rotkraut
- 2 kleine Äpfel
- 2 große Zwiebeln
- Rapsöl
- 2 EL brauner Biozucker
- 5 EL Zitronensaft
- 100 ml Orangensaft
- 300 ml Rotwein
- Gewürzmischung (4 Gewürznelken, 5 Pimentkörner, 7 Wacholderbeeren, 4 Lorbeerblätter, 10 schwarze Pfefferkörner, 1 Zimtstange)
- 100 g Preiselbeermarmelade
- Gemüsebouillon, siehe »Gemüsebouillon – Grundrezept«

Bild: Bitte umblättern!

Den Seitan in mittelgroße Stücke schneiden. Pro Filet eine Seite in Maisstärke drücken, gut abklopfen und auf dieser Seite bei hoher Temperatur in Rapsöl knusprig braten. Dann wenden und die andere Seite des Filets nur kurz anbraten. Den Kartoffelteig in ungefähr faustgroße Knödel formen und in reichlich Salzwasser garen, nicht aufkochen lassen. Wenn die Knödel an der Wasseroberfläche schwimmen, sind sie fertig.

Das Rotkraut in feine Streifen schneiden oder reiben und in einen Topf geben. Die Äpfel schälen, entkernen und reiben. Die Zwiebeln schälen, würfeln und in Öl hellbraun anschwitzen. Dann die Zwiebeln mit dem Öl über das Rotkraut gießen. Etwas Salz, Zucker, Zitronensaft, Orangensaft und Rotwein beifügen. Anschließend das Rotkraut bei mittlerer Hitze aufkochen lassen. Die Gewürzmischung zerstoßen und dem Rotkraut beimengen. Nun das Rotkraut etwa 45 Minuten lang kochen lassen. Anschließend die geriebenen Äpfel sowie die Preiselbeermarmelade dazugeben und weitere 15 Minuten kochen lassen. Mit Salz und Gemüsebouillon abschmecken.

Martinigans, Kartoffelknödel und Apfel-Rotkraut auf einem Teller anrichten und mit Grünzeug garnieren. Die Bratensauce in einem eigenen Gefäß anrichten.

»Noch ein Wort zu den Gänsen, damit Sie wissen, was für ein Leben Sie mit diesem Rezept retten. Gänse sind besonders loyal. Sie führen monogame Beziehungen und wählen selbst dann keinen neuen Partner, wenn ihrer stirbt. Sie haben einen starken Beschützerinstinkt, weshalb früher Bauern sie auch als »Wachhunde« einsetzten. Dumm, wie das Sprichwort behauptet, sind Gänse auch nicht. Es gibt ein Video über eine Gans, die sich an einen Polizisten wandte, weil eines ihrer Küken in Not geraten war.«

PANADE

Panade ohne Ei

GRUNDREZEPT

Was wäre die österreichische Küche ohne Panade? Wenn unser Gasthaus für Hochzeiten oder andere Feiern gebucht wird, werden meistens die exotischsten Speisen bei uns vorbestellt. Die Buffet-Tische sind dann gefüllt mit farbenfrohen Frucht- und Gemüsegerichten. Eines geht aber immer als erstes aus: Cordon Bleu und Schnitzel. Mit dieser Methode haben Sie im Handumdrehen ihre eigene vegane Panade.

ZUTATEN

- Sojamilch
- Glattes Mehl
- Salz
- Semmelbrösel

Zunächst einen tiefen Teller mit Sojamilch füllen. Mehl beifügen bis ein dünnflüssiger Teig entsteht. Eine Prise Salz einrühren.

Nun zwei weitere tiefe Teller aufstellen. Einen mit glattem Mehl, den anderen mit Semmelbrösel füllen.

Was auch immer Sie panieren wollen, wenden Sie es als erstes in Mehl. Anschließend durch den flüssigen Soja-Teig ziehen und zum Schluss fest in die Semmelbrösel drücken. Zuletzt die panierten Lebensmittel in Öl herausbacken.

TIPP Sie können dem flüssigen Soja-Teig allerlei Gewürze wie Curry, Pfeffer oder fein geriebene Kräuter beifügen um eine Panier mit Eigengeschmack zu zaubern!

CORDON BLEU

MIT PETERSILIENKARTOFFELN

Die erste Fleischalternative, die wir in unserem Gasthaus serviert haben. Erst durch dieses Gericht wurden die Gäste auf uns aufmerksam. Ohne das vegane Cordon Bleu würden wir heute nicht da stehen, wo wir sind.

ZUTATEN FÜR 4 PERSONEN

- 4 Soja – oder Seitan – Filets
- Senf
- 8 Scheiben veganer Käse
- 8 Scheiben pflanzliche Wurst
- Panier, siehe »Panier«
- 8 mittelgroße gekochte & geschälte Kartoffeln
- Vegane Margarine
- Salz
- Pfeffer
- Gehackte Petersilie
- Rapsöl
- 1 Zitrone

Die Filets zunächst längs durchschneiden. Die Innenseiten mit Senf einreiben und mit je 2 Scheiben veganem Käse und 2 Scheiben pflanzlicher Wurst belegen. Die Hälften fest zusammendrücken. Anschließend die Filets panieren.

Die gekochten und geschälten Erdäpfel vierteln. In einer Pfanne mit veganer Margarine, Salz, Pfeffer und gehackter Petersilie schwenken und ganz leicht anrösten. Die Zitrone in Spalten schneiden. Die Cordon Bleus in einer Pfanne mit erhitztem Rapsöl goldbraun herausbacken. Mit Kartoffeln und Zitrone anrichten.

TIPP Wiederholen Sie den Paniervorgang ein zweites Mal, um auf jeden Fall zu verhindern, dass die Cordon Bleus beim Herausbacken auseinanderfallen.

BACKHENDLSALAT

MIT SALZKARTOFFELN UND KERNÖL

Seit mittlerweile sieben Jahren haben wir den veganen Backhendlsalat auf unserer Speisekarte. Ich mag dieses Gericht, weil es mir einen Grund gibt, viel Kürbiskernöl zu verwenden. In veganen Supermärkten, aber auch in vielen Naturkostläden sind Fleischalternativen in allen erdenklichen Geschmacksrichtungen erhältlich. Hühnchen-Geschmack gehört da schon zum Standard-Angebot.

ZUTATEN FÜR 4 PERSONEN

- 4 Stück Sojafleisch nach Hähnchen-Art
- Rapsöl
- 4 mittelgroße Erdäpfel, gekocht & geschält
- 3 EL Kürbiskernöl
- 2 EL Sojasauce
- Salate
- Essig, Öl, Salz & Kräuter nach Belieben für den Salat
- Panier: siehe »Panier«

Das Sojafleisch in Streifen schneiden und panieren. Danach in Rapsöl herausbacken.

Die gekochten und geschälten Kartoffeln in Stücke schneiden und in einem tiefen Teller in einer Marinade aus Kernöl und Sojasauce wenden.

Den geputzten Salat nach Belieben marinieren. Mit den herausgebackenen Backhendlstreifen und den Salzerdäpfeln anrichten.

KARTOFFELTEIG

Kartoffelteig ohne Ei

GRUNDREZEPT

Der Kartoffelteig ist ein wichtiger Baustein jeder Küche. Er lässt sich für süße und für pikante Speisen verwenden. Wir überlegten lange, wie wir das Ei im Teig ersetzen sollten. Eines Tages reichte es Irene. »Wir probieren es einfach ohne Ei«, sagte sie. Es funktionierte reibungslos. Wir ärgerten uns nur, weil wir nicht früher daraufgekommen waren.

ZUTATEN FÜR 4 PERSONEN

- 1 kg gekochte mehlige Kartoffeln (am Vortag gekocht, oder zumindest mehrere Stunden ausgekühlt!)
- 300 g glattes Mehl
- 50 g Weizengrieß
- Salz

Die gekochten Kartoffeln feinreiben oder durch einen Fleischwolf drehen. Anschließend die übrigen Zutaten beifügen und gut durchkneten.

Den Teig sofort weiterverarbeiten. Der Teig ist sehr günstig herzustellen, vielseitig verwendbar und äußerst schmackhaft.

TIPP Je nach Kartoffelsorte und Jahreszeit kann mehr oder weniger Mehl und Grieß erforderlich sein!

FLEISCHKNÖDEL

Es gab in Wien einmal ein veganes Lokal, bei dem die Fleischknödel äußerst beliebt waren. Ich kostete dort auch einmal diese berühmten Fleischknödel und war begeistert. Das Lokal gibt es leider nicht mehr, aber wir haben uns davon inspirieren lassen, und heute bestellen unsere Gäste immer wieder gerne unsere Fleischknödel.

ZUTATEN FÜR 4 PERSONEN

- Kartoffelteig, siehe »Kartoffelteig – Grundrezept«
- Faschiertes, siehe »Faschiertes – Grundrezept«
- Bratensauce, siehe »Bratensauce – Grundrezept«
- Sauerkraut
- Schnittlauch zum Garnieren
- Salz

Aus dem Faschierten gleichmäßig große Kugeln formen. Ein Eiszwicker eignet sich dafür perfekt, nasse Hände reichen aber ebenfalls aus. Die Kugeln mit Kartoffelteigmasse ummanteln und in wallend kochendes Wasser geben. Anschließend kochen lassen, bis die Fleischknödel auf der Wasseroberfläche aufschwimmen. Aus dem Wasser nehmen und anrichten.

TIPP Zu diesem Gericht passt Sauerkraut wunderbar dazu. Unsere Bratensauce, siehe »Bratensauce – Grundrezept«, ist ebenfalls sehr zu empfehlen.

NOUGATKNÖDEL

Das beliebteste Dessert in unserem Gasthaus. Bei diesen Knödeln kommt es vor allem darauf an, hochwertiges Nougat zu verwenden. Ein guter Freund von mir ist Konditormeister und empfahl mir ein besonderes Nougat aus Belgien, das wir in unseren Knödeln verwenden. Es gibt aber auch Nougat, das leicht im Supermarkt erhältlich ist und wunderbar schmeckt.

ZUTATEN FÜR 4 PERSONEN

- 2 Handvoll Semmelwürfel
- 2 EL Alsan Margarine
- Veganes Nougat (etwa Nougatcreme-Knödel von *Manner*)
- Kartoffelteig
- Staubzucker
- Salz

Die Semmelwürfel in einer Pfanne mit veganer Margarine anrösten und beiseitestellen. Das vegane Nougat in Kugeln mit ca. 2 cm Durchmesser rollen und mit Kartoffelteig ummanteln. Mit nassen Händen schöne Bälle formen. Anschließend in kochendes Salzwasser geben und etwa 10 Minuten köcheln lassen bis die Knödel an der Wasseroberfläche aufschwimmen. Die Knödel entnehmen und in den gerösteten Bröseln wälzen. Mit Staubzucker anrichten.

»Papa, was ist eigentlich vegan?«, fragte bei uns im Landgasthaus einmal ein Mädchen seinen Vater. Er überlegte eine Weile. »Vegan ist Gemüse und Bananen«, sagte er schließlich, während er unseren Backhendlsalat aß.

GESUNDES GEMÜSE

GEMÜSE IM WOK

Frisches Gemüse schmeckt und hält gesund. Wir setzen auch hier auf eine kräftige Würze und einen guten Biss. Diese Variante, Gemüse zuzubereiten, ist schnell, erhält die Vitamine und schmeckt herzhaft.

ZUTATEN FÜR 4 PERSONEN

- 1 Schale Zuckererbsen
- 4 ganze Pak Choi
- 1 Bund Jungzwiebel
- 8 Babykarotten
- Soja- und Radieschensprossen
- 5 Stangen grüner Wildspargel
- Sesamöl
- 150 ml Gemüsebrühe
- Sojasauce
- Sesamkörner

Die Stängel der Zuckererbsen abschneiden und, sofern sie nicht ganz jung sind, die Fäden ziehen. Die Pak Choi in grobe Stücke schneiden, die Jungzwiebel und die Babykarotten mehrfach der Länge nach teilen. Den Wildspargel in kleinere Stücke schneiden.

Das gesamte Gemüse im Wok oder in einer großen beschichteten Pfanne kurz und scharf anbraten. Mit Gemüsebrühe und Sojasauce ablöschen und wenden, bis die Flüssigkeit vollständig verdampft ist. Mit Sesamkörnern garnieren.

TIPP Wichtig ist die farbenfrohe Mischung! Die Zutaten können je nach Angebot und Saison gewählt werden. Dieses Gericht eignet sich auch ideal für heiße Sommertage.

SPECK-FISOLEN

Wheaty ist eine Fleischalternative auf Weizenbasis. Wir essen Wheaty sehr gerne, auch aufs Brot passt es gut. Unsere Gäste waren anfangs nicht so begeistert davon, bis wir auf die Idee kamen, es wie Speck zu verwenden. So kamen unsere Speck-Fisolen zustande, die immer großen Anklang finden.

ZUTATEN FÜR 4 PERSONEN

- 4 kleine Zwiebeln
- 800 g tiefgekühlte Fisolen
- 120 g pflanzliche Wurst (zum Beispiel »Wheaty vom Rauch« von Topas)
- Raps- oder Olivenöl

Zunächst die Zwiebeln feinschneiden. Die Zwiebeln zusammen mit den tiefgekühlten Fisolen und der pflanzlichen Wurst in einer tiefen, beschichteten Pfanne mit etwas Öl anrösten. Sobald die Zutaten beginnen, sich goldbraun zu verfärben, mit Gemüsebouillon aufgießen. Die Fisolen immer wieder wenden und langsam köcheln lassen, bis die Brühe vollständig verdampft ist. Mit schwarzem Pfeffer würzen und anrichten.

TIPP Wheaty-Fisolen sind die perfekte Beilage zu Soja-Fleisch!

»Ich verstehe es, wenn Fleischesser in dieser Welt von Missionaren nichts mehr über die Vorteile veganer Kost hören wollen. Deshalb versuche ich, mit Rezepten zu überzeugen.«

KOHLSPROSSEN

MIT BUNTEM GEMÜSE UND RÄUCHERTOFU

Knackige, frische Kohlsprossen sind einfach ein Genuss. Oft als Beilage verwendet, eignen sie sich auch als Hauptspeise. Wenn ich viel zu tun habe und mir wenig Zeit zum Kochen bleibt, dann greife ich gerne zu Kohlsprossen.

ZUTATEN FÜR 4 PERSONEN

- 450 g Kohlsprossen
- 250 g Tofu, geräuchert
- 2 kleine Schalotten
- 1 roter Paprika
- Olivenöl
- Sojasauce
- Balsamico-Essig
- Pfeffer

Die Kohlsprossen halbieren. Den Räuchertofu in Streifen oder Würfel schneiden. Die Schalotten und den Paprika in mittelgroße, gleich große Stücke schneiden.

Eine tiefe, beschichtete Pfanne zur Hand nehmen und das ganze Gemüse in Olivenöl anrösten. Mit einem Schuss Balsamico-Essig ablöschen. Ein wenig Wasser zugeben, gerade so viel, dass der Boden der Pfanne bedeckt ist. Sojasauce beifügen und köcheln lassen bis keine Flüssigkeit am Boden der Pfanne mehr zu sehen ist. Mit Pfeffer würzen. Nun das Gemüse je nach belieben unter ständigem Schwenken anrösten oder gleich anrichten.

TIPP Diese Kohlsprossen-Pfanne ist rasch zubereitet und eignet sich als vielseitige Beilage – kann aber auch als leichtes Hauptgericht genossen werden!

»Wenn ich früher Lust auf Hausmannskost hatte, fragte ich mich, warum ich Veganerin geworden bin«, sagte einmal eine Frau zu uns, die alle drei Monate bei uns ist. »Jetzt komme ich in solchen Momenten einfach zu euch.«

PALATSCHINKENTEIG

Palatschinkenteig ohne Ei

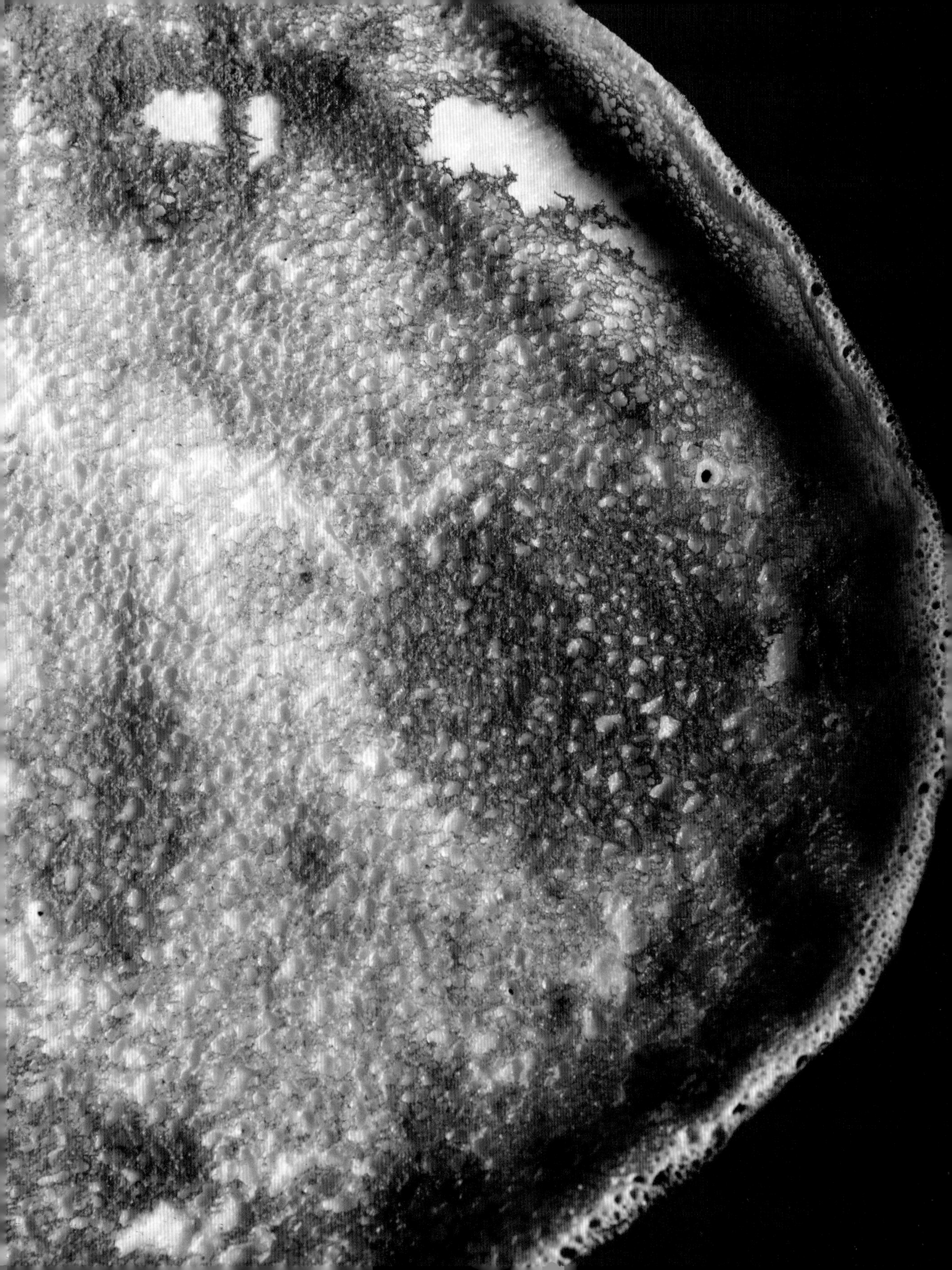

GRUNDREZEPT

Ein guter Palatschinkenteig ist sowohl für pikante als auch für süße Speisen geeignet. Was wäre ein Restaurant in Österreich ohne Fritattensuppe? Wenn in unserem Gasthaus Palatschinkenteig gemacht wird, weckt der Duft die ganze Familie. Zuerst kommt mein Sohn in die Küche, um zu naschen, dann meine Tochter und am Ende ich. Meist ist dann gleich die nächste Portion Teig fällig.

ZUTATEN FÜR 4 PERSONEN

- 500 ml Sojamilch
- 250 g glattes Mehl
- 50 ml Mineralwasser
- Salz

Die Zutaten vermengen, eine Prise Salz beifügen und mit einem Stabmixer zu einem glatten Teig verarbeiten. Öl in einer beschichteten Pfanne stark erhitzen. Einen Schöpflöffel Teig in die Pfanne gießen und schwenken. Vegane Palatschinken sind deutlich empfindlicher in der Handhabung als konventionelle.

TIPP Für pikante Gerichte verwenden Sie ungesüßte Sojamilch!

FLEISCHPALATSCHINKE

Unsere Fleischpalatschinke ist ein Dauerbrenner. Es fing mit Freunden aus Ungarn an, die wir zu Gast hatten. Sie wollten Fleischpalatschinken essen, und wir wollten ihnen ihren Wunsch erfüllen. Daher überlegten wir uns, wie wir am besten vegane Fleischpalatschinken zubereiten konnten.

ZUTATEN FÜR 4 PERSONEN

- 1 kleine Zwiebel
- 1 gelber Paprika
- 1 roter Paprika
- Petersilie
- 800 g Faschiertes, siehe »Faschiertes – Grundrezept«
- ¼ Liter passierte Tomaten
- Rapsöl
- 8 Palatschinken, siehe »Palatschinkenteig«

Die Zwiebeln und die Paprika in grobe Streifen schneiden und gemeinsam in heißem Rapsöl kurz glasig anrösten. So entweichen Schärfe und Bitterstoffe. Die Petersilie hacken und gemeinsam mit Zwiebeln und Paprika dem Faschierten untermengen. Die passierten Tomaten unterrühren. Anschließend die Masse in der Pfanne mit Rapsöl erhitzen und in die vorbereiteten Palatschinken füllen. Mit Salat nach Wahl anrichten.

TIPP Bestreuen Sie die fertigen Palatschinken mit veganem Käse und gratinieren Sie sie bei 165 °C Oberhitze im Backrohr!

SCHOKO-NUSS PALATSCHINKEN

Vor langer Zeit, als wir noch in versteckten Geschäften am Ende der Welt nach Schlagobers-Ersatz suchen mussten, der dann auch noch sündhaft teuer war, waren Gerichte wie eine vegane Schoko-Nuss Palatschinke bei uns selten. Denn dazu gehört natürlich eine gute Creme. Immer wenn ich in die warme Schoko-Füllung beiße, denke ich daran, was sich alles bei veganer Ernährung getan hat.

ZUTATEN FÜR 4 PERSONEN

- 4 EL geriebene Mandeln oder Haselnüsse
- ca. 60 g vegane Schokosauce
- ½ EL Staubzucker
- Palatschinken, siehe »Palatschinkenteig«
- Sojaobers

Die geriebenen Mandeln oder Haselnüsse mit der Schokosauce und dem Staubzucker vermengen.

Die Palatschinken frisch aus der Pfanne mit der Schoko-Nuss-Mischung bestreichen, falten oder rollen und mit Staubzucker anrichten. Ihre Gäste werden begeistert sein! Mit Sojaobers garnieren und anrichten.

TIPP Dieses Rezept eignet sich gut, wenn Sie wenig Zeit haben. Es geht sehr schnell!

PALATSCHINKEN
MIT MARILLENMARMELADE

Meiner Meinung nach schmeckt eine Palatschinke mit Marmelade am besten direkt aus der Pfanne gerollt und gegessen. Wir bedienten einmal eine Hochzeitsgesellschaft, deren Feier im Wald stattfand. Wir wussten nicht so recht, was wir den Gästen servieren sollten. Schließlich stellten wir einen Crepe-Automaten auf und servierten den stehenden Gästen die Marmeladen-Palatschinken direkt auf die Teller.

ZUTATEN FÜR 4 PERSONEN

Marillenmarmelade

Palatschinken, siehe »Palatschinkenteig«

Die Marillenmarmelade gut mit einer Gabel oder einem Schneebesen aufrühren, damit sie schön cremig wird. Die Palatschinken frisch aus der Pfanne mit Marmelade einstreichen, rollen oder falten und mit etwas Staubzucker anrichten. Es wäre ein Wunder, wenn es alle Marillenpalatschinken bis zum Tisch schaffen!

FRÜCHTE IM PALATSCHINKENTEIG

Mein Lieblingsobst sind Marillen, also bin ich wohl etwas voreingenommen. Für die Früchte im Palatschinkenteig eignen sich jedoch Marillen wirklich besonders gut. Es funktioniert aber mit allen Früchten. Vom Apfel bis zu Heidelbeeren.

ZUTATEN FÜR 4 PERSONEN

- Früchte nach Belieben
- Palatschinken, siehe »Palatschinkenteig«

Den Palatschinkenteig mit etwas mehr Mehl als üblich anrühren, sodass er dickflüssiger wird. Rapsöl in einer Pfanne erhitzen. Die Früchte in den Teig eintauchen, kurz abtropfen lassen und in der Pfanne goldbraun braten. Einmal wenden. Mit feiner Preiselbeermarmelade anrichten.

TIPP Etwas reiferes Obst kann mit diesem Rezept ideal verwertet werden!

TIRAMISU

Tiramisu ohne Ei & Mascarpone

SPIRITUS
AMABILIS

GRUNDREZEPT

Traditionelles Tiramisu besteht fast nur aus tierlichen Produkten. Es ist also kein Wunder, dass Irene und ich uns lange über dieses Gericht den Kopf zerbrochen haben. Wir dachten schon, wir würden nie wieder Tiramisu essen, da hatte Irene eines Tages eine Idee. Sie wollte statt den Biskotten Zwieback verwenden. Das Tiramisu gelang so gut, dass wir daraufhin eine Woche lang nur Tiramisu aßen.

ZUTATEN FÜR 8 BIS 10 PERSONEN

- 200 g Tofu natur
- 1 Packung Sojaobers (250 g)
- 7 EL Kristallzucker
- 250 g vegane Margarine, zimmerwarm
- 40 ml Orangennektar
- 80 ml Schankrum oder ein paar Tropfen Rum-Aroma
- 1 bis 2 Packungen Zwieback
- 250 ml kalter Espresso
- Kakaopulver

Eine große Schüssel bereitstellen. Tofu, Sojaobers, Kristallzucker, vegane Margarine, Orangennektar und Rum vermengen. Bei hoher Drehzahl im Standmixer ganz glattmixen.

Zwieback auf einer Seite kurz in Kaffee tunken und in eine Auflaufform (ca. 20x30 cm) flach auflegen. Sobald eine Schicht Reihe an Reihe voll ist, mit einem Teil des Gemixten bedecken, gerade so viel, dass die Zwieback-Lage bedeckt ist. Danach eine weitere Schicht Zwieback auflegen und so fortfahren, bis etwa drei Schichten insgesamt aufliegen. Am Schluss mit Kakaopulver bestreuen. Über Nacht im Kühlschrank rasten lassen!

TIPP Probieren Sie doch mal ein »Pina-Colada-Tiramisu«: Jamaica-Rum statt Schankrum, Ananassaft statt Kaffee & Orangennektar und mit Kokosraspel statt mit Kakaopulver bestreuen.

ERDBEER-TIRAMISU-NOCKERL

Einer unserer Stammgäste fragte mich eines Abends, ob ich ihm nicht ein Tiramisu ohne Kakao und Kaffee machen könne. Ich überlegte und experimentierte ein wenig. So kamen wir auf allerlei Variationen unseres Tiramisus. Der Kreativität sind hier keine Grenzen gesetzt.

ZUTATEN FÜR 8 BIS 10 PERSONEN

- Klassisches Tiramisu, siehe »Klassisches Tiramisu«
- 60 ml Erdbeermark statt Rum & Orangennektar
- Erdbeermark statt Kaffee zum Tunken der Zwiebackscheiben

Das Tiramisu wie ein klassisches Tiramisu zubereiten, siehe »Klassisches Tiramisu.« Beim anrichten mit einem Nockerl- oder Eiskugelzwicker die Formen ausstechen. Mit ein bisschen Geschick schaffen Sie die richtige Form aber auch mit zwei großen Suppenlöffeln.

TIPP Obenauf kein Kakaopulver, dafür die Nockerl mit frischen Beeren anrichten!

1 CUP OF PERFECT
1 CUP OF PERFECT

SACHERMASSE

Sachermasse

ohne Butter & Ei

GRUNDREZEPT

Als wir unser Rezept für eine gute Tortenmasse verfeinert hatten, nahmen wir bei einem Wettbewerb teil. Es ging darum, wer die beste Torte nach Sacher-Art zubereiten konnte. Zahlreiche namhafte Konditoreien waren ebenfalls zu diesem Wettbewerb gekommen. Wir erreichten damals den zweiten Platz. Das, obwohl wir ein Geheimnis hatten: Niemand wusste, dass unsere Torte vollkommen vegan zubereitet war.

ZUTATEN FÜR 1 TORTE (12 STÜCKE)

460 ml Sojamilch, gesüßt mit Kalzium	340 g Universalmehl
2 TL Apfelessig	60 g Kakaopulver
410 g Staubzucker	1 ½ TL Speisesoda
80 ml Rapsöl	1 TL Backpulver
2 Päckchen Vanillezucker	1 Prise Salz

Das Backrohr auf 170 °C vorheizen. Die lauwarme Sojamilch in einer Schüssel mit Essig verrühren und kurz beiseitestellen, bis sich die Flüssigkeiten gut vermengt haben. Zu dieser Mischung Zucker, Öl und Vanillezucker beifügen und gut durchmixen.

Eine Schüssel bereitstellen und Mehl, Kakaopulver, Speisesoda, Backpulver und Salz darin vermischen. Die Inhalte beider Schüsseln miteinander vermengen und die entstandene Masse gut durchmixen. Den Teig sofort weiterverarbeiten!

Eine Springform mit veganer Margarine und Mehl einfetten und einstäuben. Anschließend die Masse in die Form geben und im vorgeheizten Backrohr etwa 35 Minuten backen.

TIPP Machen Sie die Holzstäbchenprobe, bevor Sie die Masse aus dem Backrohr nehmen. Dazu nehmen Sie ein langes, dünnes Holzstäbchen und stechen in die Masse. Es sollten keine Teigreste daran kleben bleiben.

SACHERMUFFIN

Als wir die Swing Kitchen eröffneten, wollte Irene unbedingt auch Muffins anbieten. Nach einem deftigen Burger ist ein Schoko-Muffin die perfekte Nachspeise. Um unseren Muffins eine eigene Note zu geben, füllten wir sie mit Marillenmarmelade. Fertig war unser saftiger Sachermuffin.

ZUTATEN FÜR 24 STÜCK

Teig, siehe »Sachermasse«

Ein Muffin-Blech mit passendem Muffin-Backpapier auslegen. Den Teig in die Formen bis knapp unter den Rand einfüllen. Bei 170 °C etwa 15 Minuten backen.

Glattgerührte Marillenmarmelade in eine Spritze einfüllen und in die warmen Muffins je eine kirschgroße Menge von oben einspritzen.

TIPP Sie können die Muffins nach Belieben glasieren und dekorieren!

MANGOTORTE

Vor Jahren erhielten wir einen besonderen Wunsch bei einer Hochzeitsveranstaltung. Die Gäste wollten ein möglichst bescheidenes Buffet. Wir servierten Schnitzel und Gulasch. Dazu brachten die Gäste ihre eigenen Getränke. Das Tortenbuffet sollte aber im Gegensatz zu den Hauptspeisen möglichst farbenprächtig sein. Damals servierten wir unsere erste Mangotorte.

ZUTATEN FÜR 1 TORTE (12 STÜCKE)

½ Sachermasse, siehe »Sachermasse«	125 g vegane Margarine, zimmerwarm
100 g Tofu, natur	1 Packung Zwieback
½ Packung Sojaobers	60 ml Mangomark
3 bis 4 EL Kristallzucker	100 ml frisch gepresster Orangensaft

Die Sachermasse in eine Springform mit 24 cm Durchmesser geben und etwa 35 Minuten backen. Danach die Masse auskühlen lassen. Achten Sie darauf, dass der Tortenboden eine gerade Oberfläche hat. Öffnen Sie gegebenenfalls die Springform und verwenden ein langes Brotmesser, um die Fläche zu begradigen. Danach die Springform wieder schließen.

Tofu, Sojaobers, Kristallzucker, Mangomark und vegane Margarine in einem Standmixer sehr glattmixen. Danach die Mischung zur Seite stellen.

Zwieback auf einer Seite kurz in Orangensaft tunken und auf den Tortenboden auflegen. Sobald eine Schicht Reihe an Reihe voll ist, mit einem Teil der Mischung bedecken, gerade so viel, dass die Zwieback-Lage bedeckt ist. Danach eine weitere Schicht Zwieback auflegen und ebenfalls bedecken.

TIPP Versuchen Sie sich doch auch einmal an einer Pfirsich- oder Heidelbeertorte. Sie wissen ja jetzt, wie es geht!

GEMÜSEBOUILLON

FASCHIERTES

CREMESUPPE

GULASCHSAFT

BOHNENSUPPE

BRATENSAUCE

PANADE

PALATSCHINKENTEIG

KARTOFFELTEIG

TIRAMISU

GESUNDES GEMÜSE

SCHOKOTORTENMASSE

Danksagung

Ich bedanke mich bei meiner Frau Irene, ohne die es weder dieses Buch, noch seine Rezepte, noch alles andere Gute in meinem Leben geben würde.

Liebe Jasy, Brigitte und Jeanny – Ihr habt einen besseren Menschen aus mir gemacht.

Herzlichen Dank an meinen Onkel Leopold, der mir nach dem plötzlichen Tod meines Vaters in der schwersten Zeit meines Lebens zur Seite gestanden ist.

Ohne meine Freunde Thomas und Josef wäre der rasche und große Erfolg der *Swing Kitchen* nicht möglich gewesen. Vielen Dank an Euch beide!

Liebe *Swing-Kitchen*-Crew, Ihr habt meinen großen Traum wahrgemacht! Riesigen Dank dafür! Ich freue mich schon so sehr auf die nächsten Jahre mit Euch, in denen wir gemeinsam weiter wachsen werden.

Dank aussprechen möchte ich auch dem Tierheim Brunn am Gebirge, wo wir für dieses Buch fotografiert haben (siehe auch Bild links). Es gibt Tieren das Gnadenbrot. Viele Großtiere wie Esel, Schafe, Ziegen, Haus- und Hängebauchschweine, aber auch Hunde und Katzen verbringen dort ihren Lebensabend.

Das Schwein auf dem Cover dieses Buches gibt es übrigens nicht. Wir wollten kein Schwein abbilden, das geboren wurde, um von der Fleischindustrie verarbeitet zu werden. Doch aus anderen Gründen werden Schweine nicht geboren. Unseres gestaltete deshalb der junge Künstler Hongwei Tang im Photoshop.